AF562398

SUR LES

CRISES MINISTÉRIELLES

EN FRANCE

PARIS
IMPRIMERIE BALITOUT, QUESTROY ET Ce
7, rue Baillif et rue de Valois, 18.

SUR LES

CRISES MINISTÉRIELLES

EN FRANCE

PAR

LE PRINCE R. GIEDROYC

PARIS
E. DENTU, LIBRAIRE-ÉDITEUR
PALAIS-ROYAL, 17-19, GALERIE D'ORLÉANS

1874

SUR LES

CRISES MINISTÉRIELLES

EN FRANCE

En présence des graves événements qui, chaque jour, se passent en France, si l'on se tait parfois, c'est qu'on se dit qu'un tel passé de gloire, de bon, de beau et de vrai, ne peut si misérablement sombrer; mais, d'autres fois, quand le choc des crises se renouvelle, qu'on voit l'ordre social menacé, qu'on craint un nouveau cataclysme, l'on ne peut résister à l'impérieux besoin d'émettre quelques idées, d'esquisser une sorte de *modus vivendi* avec ce qui s'y trouve actuellement, et, sans esprit de parti, d'établir une manière de s'accorder avec un *statu quo* dont la durée légale est de six ans encore.

Si l'on considère la manière dont la France est pour le moment régie, au milieu d'un certain chaos d'institutions non définies, on aperçoit tout d'abord trois autorités exerçant le pouvoir suprême; ce sont : l'Assemblée nationale, le Président et le Cabinet.

L'Assemblée nationale est souveraine; de plus, c'est un souverain autocrate dans la plus large acception du mot, aucune constitution ne limitant l'étendue de ses pouvoirs, et ses décisions étant sans appel. Son délégué pour l'exercice du pouvoir s'est d'abord appelé Chef du pouvoir exécutif, puis Président de la République.

La durée des pouvoirs du Président actuel est de sept ans. L'étendue de ses pouvoirs est encore à établir. Le Président gouverne par ses Ministres, qu'il a le droit de nommer et de renvoyer. Au rebours du fameux axiome constitutionnel : le Roi règne et ne gouverne pas; on peut dire : le Président gouverne, mais ne règne pas.

Aucune loi ne fixe encore la responsabilité ministérielle. Cependant tous les Ministres la reconnaissent de fait. Ces principes posés, tâchons de puiser, dans de récents exemples, quelques enseignements salutaires.

L'Assemblée nationale est, comme chacun le sait, composée de divers partis. Ces partis, renonçant d'abord avec une patriotique abnégation à leurs sympathies individuelles, en composant la trève des partis, connue sous le nom de Pacte de Bordeaux, ont formé au début une majorité conservatrice ; depuis, l'esprit de chaque parti s'accentuant de plus en plus, il n'y a pas, pour ainsi dire, de majorité, et le plus grand chiffre des votants est souvent dû au bizarre alliage des éléments les plus hétérogènes. Cet état de choses, peu consolant sans doute, est cependant sans remède, car il est impossible d'indiquer, soit une marche à suivre à tant de groupes différents et si hostiles entre eux, soit un accord quelconque quand deux groupes voisins cherchent, souvent en vain, à s'entendre; de ce côté, le mal est à son apogée. Mais comme, en présence de plusieurs maux, il faut toujours chercher le moindre, il me semble que la tâche du Président et de son Cabinet est de s'accommoder jusqu'à un certain point de cet état de choses irrémédiable, pour que, le pays n'étant pas toujours à la veille d'une crise, les affaires puissent reprendre, l'industrie et le commerce se développer.

Le Président actuel a compris tout d'abord cette vérité et elle paraît avoir été dans son programme, surtout depuis le 24 mai 1873 jusqu'au 20 novembre de la même année. Choisi le 24 mai par une majorité compacte sinon considérable, c'est dans les diverses nuances de cette majorité qu'il a, selon les traditions parlementaires, choisi ses ministres, dont les premiers actes ont été soutenus par une majorité toujours croissante. Après avoir assisté avec une grandiose indifférence à des essais d'entente qui n'ont pas réussi à ramener en France la monarchie, il a désiré qu'on raffermisse le pouvoir entre ses mains, en lui assignant une durée fixe, sauf plus tard à en régler les attributions. C'est alors que le Septennat fut voté. Par cette décision, l'Assemblée, sans abdiquer sa souveraineté, s'est néanmoins liée à n'exercer qu'au bout de sept ans ce droit de souveraineté à l'égard du pouvoir exécutif. Cette disposition a détaché le Président encore plus des luttes oratoires de l'Assemblée. Son illustre prédécesseur était un parlementaire de trop ancienne date pour se désintéresser complétement de ces tournois d'éloquence dans lesquels il lui a été donné de remporter de brillantes victoires. C'est en s'identifiant à son cabinet, en subordonnant l'exercice du pouvoir à chaque vote, qu'il est arrivé au 24 mai.

Son successeur a compris l'écueil pour lui-même et a su l'écarter. Il sentait bien qu'une épée loyale peut tout au plus une fois trancher un de ces nœuds gordiens comme il s'en noue chaque jour au milieu des événements parlementaires. Il serait à souhaiter que le cabinet puisse faire de même et sache éviter des crises comme celle du 16 mai 1874.

La crise du 16 mai, éclatée au sujet de la priorité de je ne sais quelle loi, a cela de particulier que les hommes remarquables qui étaient alors au pouvoir ont pris, par un scrupule de délicatesse bien honorable, et malgré les assurances d'une partie de ceux qui votaient contre eux, pour une majorité hostile ce qui n'était au fond qu'une de ces coalitions comme en produisent parfois le caprice du sort ou les fluctuations parlementaires. En évitant de poser la question de cabinet devant une Chambre où il n'y a pas et où, dans sa composition actuelle, il ne peut pas y avoir de majorité réelle, on se soustrait aux pénibles conséquences d'un vote défavorable. C'est donc un cabinet d'affaires purement et simplement, sans aucune nuance politique, que tout Français et tout vrai ami de la France devrait souhaiter. De plus, on devrait désirer le voir choisi en dehors de l'Assemblée.

A l'objection qu'une telle manière d'agir n'est pas conforme aux traditions parlementaires, nous répondrons, d'abord, que le cas a eu lieu à l'égard de M. de Rémusat nommé ministre des affaires étrangères avant d'avoir été élu député; de plus, tout ce qui arrive en France pour le moment est tellement en dehors de toute tradition, que pour des faits exceptionnels il faut aussi des mesures exceptionnelles, et voilà pourquoi nous croyons que celle-là réunirait beaucoup de chances de succès. La théorie des votes de blâme et de confiance est admirable en Angleterre, car il y a dans ce pays une majorité, tantôt conservatrice, tantôt libérale, et c'est là la manière légale pour cette majorité de se manifester. Mais ce qui est parfait pour un pays peut ne pas l'être pour un autre, comme ce qui convient à un tempérament peut devenir nuisible appliqué à un tempérament différent.

Aussi en France, un cabinet composé de députés ne représente qu'un diminutif de l'Assemblée elle-même avec toutes ses nuances, ses tiraillements, ses discordes; car malheureusement un ministre qui a été député la veille, qui le redeviendra le lendemain, ne peut pas, par le fait seul de son arrivée aux affaires, rompre tous ses liens, abandonner ses amis, s'affranchir de l'esprit de parti qui l'avait guidé jusqu'alors, qui devra le guider plus tard. De plus, cette possibilité d'obtenir un portefeuille influence souvent, surtout dans les régions du centre, les décisions des députés qui mettraient moins d'acharnement à renverser un cabinet s'ils étaient sûrs d'avance de l'impossibilité de lui succéder. Or, comme c'est par le déplacement des voix du centre que se forme une majorité gouvernementale sérieuse, un ministère pris en dehors de la Chambre aurait, même par là, la chance d'en réunir une plus compacte et moins sujette à des fluctuations si fatales pour la France.

Certainement qu'en face de 750 députés-souverains l'on est tenté de se dire que toutes les supériorités du pays s'y trouvent réunies, et que c'est là que, conformément aux traditions parlementaires, on doit choisir les titulaires de chaque département. D'un autre côté, pour des hommes politiques de la valeur du duc de Broglie, du talent de M. de Fourtou, il est dur de se résigner au rôle plus effacé de simples ministres d'affaires; mais comme après tout, d'après l'admirable parole du général de Cissey qu'on pourrait si souvent appliquer : Il s'agit de travailler, non de bavarder; ne serait-ce pas parfois plus habile et plus patriotique en même temps d'accepter cette situation secondaire, qui n'empêcherait pas le ministère d'être blâmé peut-être, mais le sauvegarderait de la destruction, et, au-dessus du ministère, épargnerait une crise à la France.

Et, pour ne citer qu'un récent exemple, tout le monde connaît le motif de la suspension du journal *l'Union* et de l'interpellation de M. Lucien Brun. M. de Fourtou lui répliqua par un éloquent discours, trop long pour être cité en entier, mais dont nous extrayons les points les plus saillants :

« La polémique de *l'Union,* dit le ministre, consacrée par le manifeste dont il a été parlé, devait-elle, oui ou non, être tolérée? Un gouvernement attaqué dans son principe et dans son essence, un gouvernement blessé au cœur, oui ou non, a-t-il le droit de se défendre?...

» L'article 1er de la loi du 20 novembre confie pour sept ans, à M. le maréchal de Mac-Mahon, le pouvoir exécutif. Il décide en outre que le pouvoir s'exercera sous le titre et dans les conditions actuelles jusqu'aux modifications qui pourraient y être apportées par les lois constitutionnelles.

» Il y a donc dans ce pouvoir deux choses profondément distinctes : la durée, le titre et le mode de fonctionnement.

» La durée, c'est ce qui ne peut être modifié. Ce qui peut être modifié par les lois constitutionnelles, c'est le titre et l'organisation. Nous n'avons pas à rechercher ce qui a pu être dit avant, pendant ou après le vote, nous sommes en présence d'un texte dont la clarté saisissante défie toutes les interprétations, et j'ajoute que les parties contractantes l'ont bien compris ainsi..... Et vous-mêmes vous repoussiez un amendement de M. Waddington qui avait pour but de ne donner le caractère constitutionnel au vote du 20 novembre qu'après l'adoption des lois constitutionnelles...

» Par la loi du 20 novembre, oubliant vos préférences personnelles vous avez voulu qu'un long recueillement précédât les solutions définitives. Vous avez voulu affranchir le pays pendant sept ans des divisions qui le déchirent, pour travailler ensemble à sa reconstitution.

» Or, le journal *l'Union,* dans le numéro du 20 juin, affirme que si le Septennat profite à la Monarchie il doit lui céder la place, que s'il profite à la République il est perdu. Le Septennat est donc condamné à mort.

» Dans le numéro du 3 juillet, il prétend que l'Assemblée peut dès à présent établir un gouvernement définitif... Et maintenant je dirai aux interpellateurs : Vous pourrez nous blâmer, mais descendez dans vos consciences et vous ne pourrez nous refuser l'hommage que l'on doit à la fidélité, à la loyauté, à la droiture... Le gouvernement n'a pas fait autre chose que d'exercer son droit de légitime défense. En nous blâmant, vous feriez deux choses, d'abord vous désavoueriez votre œuvre, et vous légitimeriez tous les assauts livrés à un pays qui ne demande qu'à se relever, à l'abri d'un pouvoir fort et respecté, dans la concorde et dans la paix. »

Eh bien ! parmi toutes ces excellentes choses et d'autres que le défaut d'espace nous empêche de citer, nous n'en aurions dit aucune si nous avions eu l'honneur ingrat d'être à la place du ministre de l'intérieur d'alors ; nous nous serions bornés à ces simples paroles :

« Dans une précédente séance, répondant à une » question de l'honorable M. Lucien Brun, j'ai

» exposé à l'Assemblée les motifs de la suspension
» du journal *l'Union.*

» Je n'ai pas à y revenir, mais comme je crois
» voir que cette décision ne semble pas obtenir
» l'approbation de l'Assemblée, sans en faire une
» question de cabinet, je propose l'ordre du jour
» suivant : L'Assemblée, se ralliant au manifeste
» qui a provoqué la suspension du journal *l'Union,*
» lève cette suspension et passe à l'ordre du jour.
» Je m'engage de mon côté à la plus prompte exé-
» cution de la volonté de l'Assemblée. »

Ou cet ordre du jour ne ralliait que les 89 voix qui ont soutenu M. Lucien Brun, et le ministère obtenait une éclatante majorité; ou quand même cet ordre du jour obtenait un plus grand nombre de voix, sans que le ministère, battu sur l'ordre du jour Paris, ait eu besoin d'être sauvé cette fois par l'ordre du jour pur et simple du général Changarnier; dans tous les cas, il sortait haut les armes de la lutte sans avoir fait intervenir le Président dans le combat, sans avoir rendu nécessaire un ordre du jour à l'armée et un message à l'Assemblée, en évitant enfin et surtout de mettre sur le tapis les pouvoirs du Président qui, tout comme la femme de César ne devait pas être soupçonnée, ne devraient pas, ce me semble, être discutés.

C'est en suivant cette marche, en mettant l'amour pour la France au-dessus de toutes ses sympathies particulières pour telle ou telle forme de gouvernement, qu'on mettra fin à un état de choses déplorable, fait pour réjouir seulement les ennemis de cette grande nation et pour remplir les journaux européens qui, manquant de cette pâture, seraient condamnés au silence.

C'est ce silence justement que nous voudrions, au moins pour quelque temps, voir s'établir en France pour pouvoir appliquer à ce pays si sympathique la grande parole de Bossuet : Heureux les peuples qui n'ont pas d'histoire.

21 juillet 1874.

www.ingramcontent.com/pod-product-compliance
Lightning Source LLC
LaVergne TN
LVHW010344230826
846091LV00009B/4021

9782013556514